What I Can Learn From the Incredible and Fantastic Life of Ingvar Kamprad

Text by Melissa Medina and Fredrik Colting
Illustrations by Giordano Poloni
Copyright ©2019 Moppet Books

Korean Translation Copyright ©2021 Daseossure Publishing Co.
All rights reserved.
This Korean edition published by arrangement with Moppet Books through Shinwon Agency Co., Seoul.
이 책의 한국어판 저작권은 신원에이전시를 통해 Moppet Books와 독점 계약을 한
도서출판 다섯수레에 있습니다. 저작권법에 의해 한국 내에서 보호를 받는 저작물이므로
무단전재와 무단복제를 금합니다.

놀랍고 멋진 사람들

이케아 설립자

잉바르 캄프라드

멀리사 머디나, 프레드리크 콜팅 글
조르다노 폴로니 그림   홍연미 옮김

다섯수레

잉바르 캄프라드는 어떤 사람일까요?

캄프라드는 이케아(IKEA)를 세운 스웨덴의 사업가예요. 이케아는 세계에서 가장 유명한 가구 판매업체이지만, 어떤 사람들은 전시 매장에서 맛볼 수 있는 천 원짜리 핫도그와 탱글탱글 부드러운 미트볼을 먼저 떠올릴지도 몰라요. 냠냠!

캄프라드는 누구나 부담 없이 살 수 있는, 세련된 가구를 팔고 싶어 했어요. 그리고 캄프라드에게는 그 꿈을 이루기 위한 새롭고 멋진 생각도 가득했지요. 예를 들어 가구를 납작한 상자에 부품째 담아 팔고 조립은 고객이 집에서 직접 하도록 한 것처럼 말이에요.

겨우 만 다섯 살에 첫 사업을 시작했던 캄프라드는 마침내 전 세계에서 가장 큰 가구 회사를 운영하게 되었어요. 확실히 캄프라드는 디자인과 사업에 대해서 뭘 좀 아는 사람이었어요. 물론 미트볼에 대해서도요!

캄프라드는 그전까지 전 세계에서 누구도 한 적이 없는 일을 해냈어요. 누구나 세련된 집을 꾸밀 수 있게 한 거예요. 덕분에 캄프라드는 지구상에서 가장 성공한 기업인 가운데 한 사람이 되었고 많은 돈을 벌었지요. 하지만 캄프라드를 정말 특별하게 만든 건 그의 많은 재산이 아닌 그의 강한 신념이었어요.

캄프라드는 사람은 누구나 같은 기본 욕구를 가지고 있기에 모두 동등하게 대우받아야 한다고 믿었어요. 캄프라드는 무척 검소했지만 나눔에는 너그러운 사람이었고, 다른 사람을 도와야 한다고 생각했지요.

캄프라드는 평범한 억만장자 사업가라기보다는 자신의 사업을 통해서 많은 사람들이 더 나은 일상을 누릴 수 있도록 만들어 준 탁월한 리더였어요.

잉바르 캄프라드에 대한
놀랍고도 재미있는 사실 몇 가지

1. 캄프라드는 겨우 다섯 살에 이웃들에게 성냥을 팔며 사업을 시작했어요.

2. 열일곱 살에는 고등학교 졸업을 축하하며 아버지가 모아 준 돈으로 이케아를 창업했어요.

3. 이케아는 잉바르 캄프라드가 자신의 이름과 자신이 자란 농장 엘름타리드, 태어난 도시 아군나리드의 머리글자를 합쳐 만든 이름이에요.

4. 캄프라드는 이케아의 제품들에 주변의 꽃 이름, 도시 이름 같은 친근한 이름들을 붙였어요.

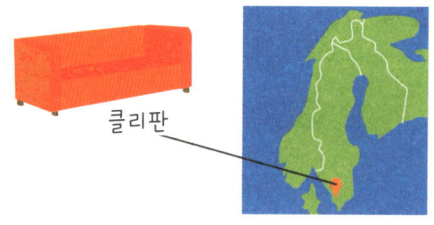

5 캄프라드는 소소한 물건들을 사는 데 돈 쓰는 것을 좋아하지 않아서, 옷은 중고를 사 입고 항상 도시락을 싸 가지고 다녔어요.

6 캄프라드는 평생을 열심히 일했어요. 무려 여든일곱 살까지요!

7 이케아 카탈로그가 처음 발행된 해는 1951년이었어요. 이제는 매년 30여 개 언어로 2억 부가 넘게 제작되고 있지요.

8 캄프라드는 매일 아침 5시 30분에 일어났어요.

9 캄프라드는 하루를 10분 단위로 나눈 다음 매 10분을 의미있게 보내려고 애썼어요.

10 캄프라드가 가장 좋아하는 음식은…… 바로 핫도그예요!

캄프라드의 이야기를 시작해 볼까요?

잉바르 캄프라드는 1926년 스웨덴의 엘름타리드라는 작은 농장에서 태어났어요. 그리고 근처에는 그래도 조금은 더 큰 마을인 아군나리드가 있었지요. 캄프라드는 여동생과 함께 농부인 부모님과 살았어요.

이웃 사람들은 모두 농부였고, 그 이웃의 이웃도
역시 농부였어요. 모두가 밭으로 나가 열심히 일해
살림을 꾸려가는 곳이었지요.
캄프라드는 넉넉하지 않을 때는 절약해야 한다는
것을 아주 어린 나이에 깨우쳤어요.

주변의 모든 사람이 농부였지만 캄프라드는
뭔가 다른 꿈을 꾸었어요. 캄프라드는
조그만 마을을 둘러보며 생각에 잠겼어요.
음식 말고, 사람들이 꼭 필요로 하는 게
또 있을까? 그래, 집에 필요한 물건들! 그런 것들이
뭐가 있는지 찾아내서 농부들에게 팔면 어떨까?
고작 다섯 살의 나이에 시작했던 첫 사업에서 이웃들에게
성냥을 판 것은 그런 생각에서였지요. 일곱 살이 될 무렵
캄프라드는 사람들에게 성냥뿐 아니라 씨앗, 감사 카드, 펜, 심지어는
크리스마스트리까지 팔았어요. 온갖 물건들을 자전거에 싣고
여러 마을을 돌아 다니며 장사를 했지요.

캄프라드도 물론 학교에 다녔어요.
하지만 난독증 때문에 글자를 읽고 이해하기가
어려워 학교 생활이 쉽지는 않았어요.

그래도 캄프라드는 열심히 노력하면 극복하지 못할 것은 없다는 생각으로
고등학교를 훌륭히 마칠 수 있었어요. 아버지는 캄프라드를 무척이나
자랑스러워했고 이 순간만을 위해서 저축해 온 돈을 아들에게 주었어요.
캄프라드는 그 돈을 바라보았어요. 이것으로 무얼 하면 좋을까요?
새 자전거를 살까요? 아니면 자동차? 다 좋을 것 같기는 했지만,
어느 것도 캄프라드가 꿈꾸던 것은 아니었어요.

캄프라드는 그보다도 훨씬 더 큰 꿈을 꾸고 있었으니까요!

1943년에 캄프라드는 아버지가 준 돈으로 자기 사업을 시작했어요.
어릴 적 이웃에게 성냥을 팔 때와 같은 마음이었지요.
캄프라드는 먼저 사람들이 무엇을 필요로 하는지 알아보았고
펜, 액자, 시계, 장신구, 나일론 스타킹을 팔기로 결정했어요.

이제 중요한 문제가 남았어요. 회사의 이름을 지어야 했지요.
캄프라드는 골똘히 생각해 보았어요.
잉바르의 'I', 캄프라드의 'K', 가족 농장 엘름타리드의 'E',
고향 마을 아군나리드의 'A'를 따서 만든다면 어떨까?

그렇게 하면 …… I-K-E-A. 그래요, 이케아!

캄프라드는 처음에는 방문판매로, 그다음에는
우편으로 상품을 판매했어요.
회사가 착실하게 커나가자 1948년, 캄프라드는
사업을 좀 더 확장하기로 결심했지요.
본격적으로 가구를 만들어 팔기 시작한 거예요.

캄프라드는 자신이 자란 스웨덴 삼림 근처에서
그곳의 제조업자들과 가구를 제작했고
곧 많은 고객을 끌어모으게 되었어요.

캄프라드의 목표는 단지 가구를 많이 파는 것만은 아니었어요.
넉넉지 않은 농장에서 자랐던 자신의 경험을 떠올리고
가능하면 많은 사람들이 더 나은 삶을 누릴 수 있도록
돕고 싶어 했지요.

캄프라드는 집 안을 멋지게 꾸미면 삶의 질을 높일 수 있고,
누구에게나 그런 삶을 누릴 자격이 있다고 생각했어요.
그래서 누구나 살 수 있는 가격으로 가구를 만들기로 했지요.

모두를 위한 세련된 가구를요!

캄프라드는 스웨덴 어느 지역에 사는 사람이든지
이케아의 제품을 살펴보고, 주문할 수 있게 하고 싶었어요.
그래서 그 유명한 이케아 카탈로그를 제작했지요.
이케아 카탈로그에서 제품에 이름을 붙이는 방식은 독특했어요.

난독증 때문에 숫자와 알파벳을 섞은 복잡한 제품코드는 알아보기 어려웠던 캄프라드가 새로운 방식을 고안한 거예요.

그 새로운 방식은 바로 제품의 이름을 특정한
스웨덴어 단어에서 따오는 것이었어요.

예를 들어 이런 식으로 제품의 이름이 정해졌어요.

욕실 용품 = 스웨덴의 호수
침구류 = 꽃과 식물
어린이 용품 = 포유류와 조류
책상과 사무용 의자 = 스칸디나비아 삼국의 남자 이름
패브릭과 커튼 = 스칸디나비아 삼국의 여자 이름
소파, 의자, 식탁 = 스웨덴의 지명
침실 가구 = 노르웨이의 지명
러그 = 덴마크의 지명

스칸디나비아 삼국의 사람이 아니라면 이상하게 느껴지는 이름일지 몰라도 사실 아주 기발한 방식이었지요!

하지만 이케아가 성공하자 곧 다른 회사들도 가격을 낮춘 가구를 팔기 시작했고, 캄프라드는 이케아를 차별화시킬 무언가가 필요하다고 생각하게 되었어요. 그러던 어느 날 캄프라드는 동료 직원이 승용차에 커다란 탁자를 실으려 애쓰는 모습을 보았어요. 결국 탁자는 조립 전의 상태로 분해된 다음에야 차에 실릴 수 있었지요. 그때 캄프라드의 머릿속에 이케아의 가구들을 아예 조립 전에 납작한 상자에 넣어 팔면 어떨까 하는 생각이 떠올랐어요. 그렇게 하면 가구의 보관과 조립에 필요한 비용을 절약해 더 싼 가격에 가구를 팔 수도 있게 되는 거예요. 게다가 가구를 스스로 조립하는 건 꽤 재미난 일이기도 하잖아요.

1958년, 드디어 첫 이케아 매장이 캄프라드의 고향 근처에서 문을 열었어요. 그리고 그 매장은 금세 스칸디나비아 반도에서 가장 큰 가구 매장이 되었지요. 캄프라드는 무척 자랑스러웠어요! 자신의 꿈을 열심히 좇아 진정으로 특별한 것을 창조했으니까요.

그렇지만 캄프라드는 거기서 멈추지 않았어요. 오히려 점점 더 많은 아이디어를 내고 실행시켰지요. 캄프라드는 사람들이 매장에 와 몇 시간씩 가구를 보다 보면 배가 고파질 걸로 생각했고, 2년 뒤에는 이케아 매장 안에 이케아 레스토랑을 열기도 했어요. 야호, 이케아 미트볼!

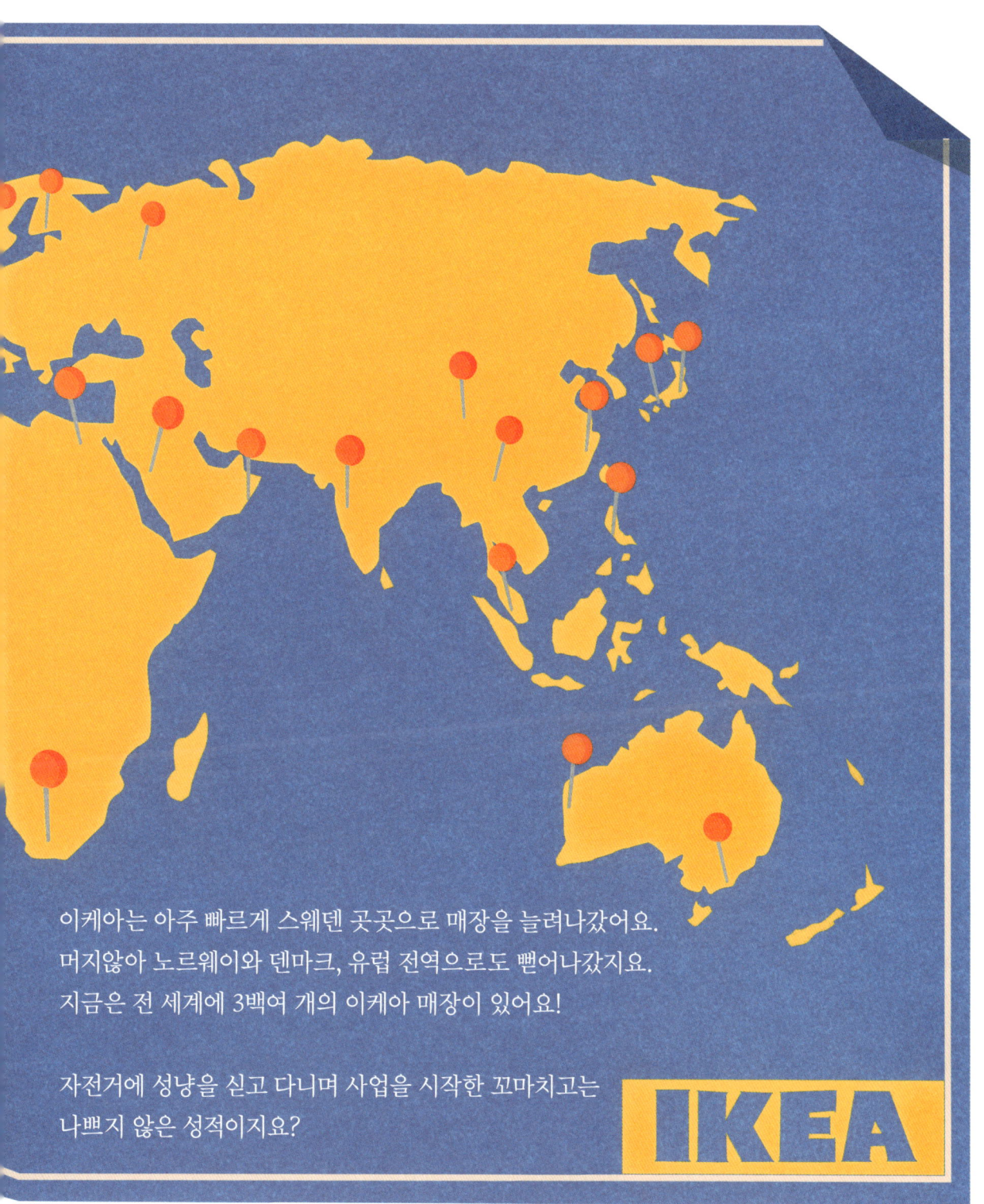

이케아는 아주 빠르게 스웨덴 곳곳으로 매장을 늘려나갔어요.
머지않아 노르웨이와 덴마크, 유럽 전역으로도 뻗어나갔지요.
지금은 전 세계에 3백여 개의 이케아 매장이 있어요!

자전거에 성냥을 싣고 다니며 사업을 시작한 꼬마치고는
나쁘지 않은 성적이지요?

잉바르 캄프라드는 2018년 아흔한 살의 나이로 세상을 떠났어요. 캄프라드는 노년에도 꾸준히 일을 했고, 여든 살이 되던 해에는 이렇게 말하기도 했어요. "여든 살이 되는 것은 두렵지 않습니다. 할 일이 너무 많아서 죽을 시간이 없어요." 전 세계에 매장을 가지고 32개 언어로 2억 1700만 부의 카탈로그를 인쇄하는 대규모 기업체를 세운 것은 무척 인상적인 일이에요. 하지만 무엇보다도 캄프라드의 인상적인 면은 성공에 안주하지 않았다는 사실이지요.

부자가 되었어도 캄프라드는 낭비하는 것을 좋아하지 않았어요.
날마다 도시락을 싸서 낡은 차를 손수 몰고 출근했고, 자원을 최대한
절약했지요. 아주 어릴 때부터, 이 세상의 자원은 무궁무진하지 않아서
결코 낭비해서는 안 된다는 것을 깨달았으니까요.

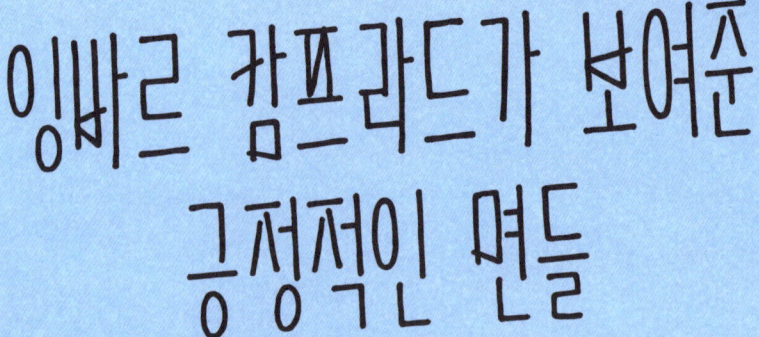

잉바르 캄프라드가 보여준 긍정적인 면들

잉바르 캄프라드의 삶에서 긍정적인 면을 몇 가지 꼽아 볼까요?

실수에서 배워요.

캄프라드는 이렇게 말한 적이 있어요. "나보다 많은 실수를 저지른 사람은 이 세상에 많지 않을 겁니다." 그렇지만 캄프라드는 실수했다고 좌절하지 않았어요. 오히려 실수를 배움을 얻고 성장하는 하나의 수단으로 여겼지요.

현명한 소비를 해요.

가정 형편이 좋지 않았기 때문에 캄프라드는 낭비하지 않는 것의 중요성을 배웠어요. 시간, 공간, 돈, 자원, 그 어느 것이든 말이지요. 세계에서 가장 부유한 사람 가운데 한 명이 되었지만 그 뒤에도 캄프라드는 늘 절약을 실천했어요.

 평등의 중요성을 믿어요.

캄프라드에게는 자신과 함께 일하는 모든 사람이 환대받고 동등하게 대우받는 것이 무척이나 중요했어요. 그랬기 때문에 고급 식당 대신 직원 식당에서 점심을 먹었고, 충분히 전용기를 탈 수 있음에도 이코노미 클래스를 타고 다녔지요. 캄프라드는 무엇이든 공평하기를 바랐어요.

선행을 베풀어요.

캄프라드는 이케아 재단을 설립해 세계 곳곳의 환경이 열악한 지역에 학교를 짓고 깨끗한 물을 공급했어요. 캄프라드는 항상 자신보다 운이 좋지 않은 이들을 도와야 한다고 생각했지요.

잉바르 캄프라드처럼 멋진 사람이 되려면 어떻게 해야 할까요?

무엇보다 자기 자신의 모습을 잃지 않아야 해요.
이미 여러분은 멋진 사람이니까요! 하지만 다른 사람들의 경험에서
교훈을 얻는 것도 좋은 방법이에요.
잉바르 캄프라드에게서 배울 점은 무엇이 있을까요?

나 자신을 믿어요!

자신의 꿈을 믿지 않았다면, 캄프라드는 이케아를 세우지 못했을 거예요. 캄프라드는 사람들이 원하는 것을 이뤄 내기 위해 끊임없는 연구를 했지요. 캄프라드는 직원들에게 이렇게 말하곤 했어요. "우리 사전에서 불가능이란 단어를 완전히 삭제해야 합니다."

직접 움직여요!

마음에 드는 아이디어가 떠올랐다면 그 아이디어를 실행시키기 위해서 열심히 노력해야 해요. 가치 있는 것은 결코 쉽게 얻어지지 않는 법이니까요. 뭔가를 깨닫고 노력한다면 목표를 이루고 난 뒤 굉장한 기분을 맛볼 수 있을 거예요.

낭비하지 않으면 부족하지 않아요!

지구는 단 하나뿐이고 자원은 한정되어 있어요. 캄프라드는 수도꼭지 꼭 잠그기, 음식물 함부로 버리지 않기, 필요 없는 물건 사지 않기 같은 일들을 실천하면서 소중한 자원을 낭비하지 않으려 노력했어요.
시간도 마찬가지예요. 중요하지 않은 일에 시간을 낭비하고 싶지는 않겠지요? 예를 들어 친구들과 노는 대신 텔레비전 앞에 죽치고 있는 것처럼 말이에요.

■ 멀리사 머디나 선생님은
모핏 북스의 공동 설립자이자 총책임자로 언제나 디자인, 삽화, 컬러, 스토리텔링의 세계에
빠져 있어요. 로스앤젤레스에서 프레드리크 콜팅 선생님과 함께 그림책을 만들며 이야기의
완성도를 높이기 위해 노력하고 있지요.

■ 프레드리크 콜팅 선생님은
시나리오와 어린이책을 쓰는 작가입니다. 문빔 어린이책 상을 두 차례 수상했어요.
"지구에 놀러 왔다가 마음에 들어서 머물기로 했다."고 말하곤 합니다.

■ 조르다노 폴로니 선생님은
대학에서 영화를 공부했고, 광고 회사에서 편집자 겸 그래픽 디자이너로 일을 했어요.
지금은 밀라노에서 일러스트레이터로 활동하고 있지요. 2018 볼로냐 국제 어린이도서전에서
올해의 일러스트레이터로 선정될 정도로 실력을 인정받고 있어요.

■ 홍연미 선생님은
서울대학교 영어영문학과를 졸업하고 출판 편집과 기획 일을 하다가 지금은 번역가로
활동하고 있어요. 옮긴 책으로《기분을 말해 봐!》,《동생이 태어날 거야》,《도서관에 간 사자》,
《어떡하지?》,《오싹오싹 팬티!》들이 있어요.

'놀랍고 멋진 사람들' 시리즈

1. 스티브 잡스 - 애플(APPLE)의 설립자
2. 오프라 윈프리 - 토크쇼의 여왕
3. 필 나이트 - 나이키(NIKE)의 설립자

이케아 설립자

잉바르 캄프라드

처음 찍은 날 | 2021년 2월 9일
처음 펴낸 날 | 2021년 2월 25일

글 | 멀리사 머디나, 프레드리크 콜팅
그림 | 조르다노 폴로니
옮김 | 홍연미
펴낸이 | 김태진
펴낸곳 | 다섯수레

편집 | 김경회, 김시완, 장예슬, 박주현
디자인 | 이영아
마케팅 | 박희준
제작관리 | 송정선

등록번호 | 제3-213호   등록일자 | 1988년 10월 13일
주소 | 경기도 파주시 광인사길 193(문발동) (우 10881)
전화 | (031) 955-2611
팩스 | (031) 955-2615
홈페이지 | www.daseossure.co.kr
인쇄 | (주)로얄 프로세스
ⓒ 다섯수레, 2021

ISBN 978-89-7478-437-9 74990
978-89-7478-422-5(세트)